Dieses Buch gehört:

_____

Sei lieb zu diesem Buch

ISBN 3-8157-1097-9
1. Auflage 1994
Aus dem Französischen von
Irmgard Neumann-Wedekindt und Birte Pampel
© 1994 der deutschen Ausgabe
beim Coppenrath Verlag, Münster
Alle Rechte vorbehalten
Die Originalausgabe erschien 1994
unter dem Titel „Tom ne veut pas dormir"
© by Dessain, Département de De Boeck-Wesmael, Brüssel

Printed in Belgium

SCHLAF, HÄSCHEN, SCHLAF

Eine Gutenachtgeschichte

von Marie-Aline Bawin & Lillo Canta

COPPENRATH VERLAG MÜNSTER

Es ist Abend - „Schlafenszeit", sagt Mama. Ich möchte noch nicht schlafen gehn. Erst muß Papa mir einen dicken Gutenachtkuß geben.

Heute ist Mama an der Reihe, mir eine Einschlaf-
geschichte zu erzählen. Ich mag Mamas Geschichten
am liebsten. Sie sind viel länger als die von Papa.

„Morgen wird hier mal richtig aufgeräumt", sagt
Mama streng. Aber ich weiß ganz genau, daß sie
mir nicht wirklich böse ist. „Nun schlaf gut, mein
Häschen, und träum was Schönes, bis morgen früh!"

Tapp, tapp, tapp. Jetzt geht Mama zu Papa ins Wohnzimmer und setzt sich an den Tisch. Ich habe solchen Durst! „Mama", rufe ich ganz laut, „bringst du mir noch was zu trinken?"

Mama bringt mir ein großes Glas Wasser. Abends mag
ich Wasser besonders gern. Ich trinke es ganz langsam,
in winzig kleinen Schlucken.

„Nun aber gute Nacht", sagt Mama dann entschieden.
Ich höre an ihrer Stimme, daß sie nicht noch einmal
kommen will.

Ich mag nicht allein im Dunkeln sein. Leise krabbele
ich aus meinem Bettchen ...

„Mama, Papa, ich kann gar nicht einschlafen, ich bin so allein!"

Mama nimmt mich auf den Arm und trägt mich in mein Zimmer zurück. Ihre Arme sind warm und weich.

„Schau, hier ist dein Kuschelbär", sagt Mama.
„Jetzt bist du nicht mehr allein. Er schläft ganz
nah bei dir."

„Nikolas schläft auch schon lange", sagt Mama, „und
sogar die Sonne hat sich in ihr Wolkenbett gelegt."

Mamas Stimme ist leise und ganz sanft. Bevor sie geht,
nimmt Mama mich noch einmal in den Arm.

„Mama, ich will noch einen Kuß!" brülle ich. „Bitte, geh noch nicht weg!" Jetzt wird Mama langsam ein bißchen böse.

„Du bist doch kein Baby mehr", sagt sie, „jetzt wird geschlafen!" Sie dreht sich einfach um und geht hinaus.

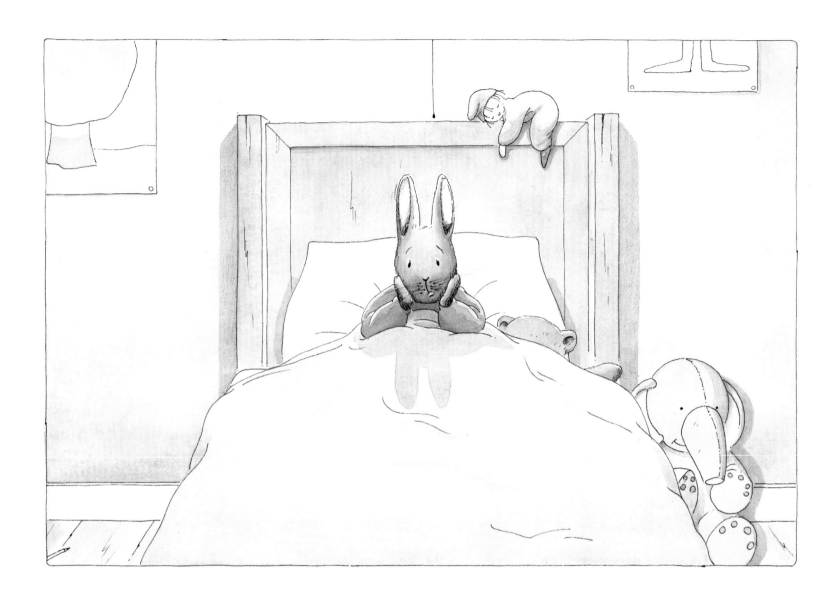

Und ich sitze wieder ganz allein in meinem Bett. Ich bin sehr traurig und überhaupt kein bißchen müde!

Plötzlich fällt mir ein: Meine Schmusetiere
können bestimmt auch nicht schlafen.

Ich klettere einfach in meine Spielzeugkiste und hole
schwuppdiwupp alle meine Tiere raus. Eins nach dem
anderen setze ich in mein Bett:

Schnuffel, Felix, Samson, Paul, Paula und Paulinchen, Hippo, Brummel, Schlappohr, Kiki, Kroko, Schweinchen, Benny, Leo ...

Gleich habe ich es geschafft. Uff, beinah hätte ich den
dicken Fridolin vergessen!

Das war ganz schön anstrengend! Auf einmal bin ich
sehr müde. Aber wo soll ich jetzt schlafen?

Spät am Abend schauen Mama und Papa noch einmal
nach ihrem kleinen Häschen ...

Es ist ganz fest eingeschlafen - mit dem
Kuschelbären auf der Spielzeugkiste!

Und nun, mein Häschen,
schlaf auch du.

Schlaf, Häschen, schlaf!

1. Schlaf, Häs-chen, schlaf! Sei stil-le nun und brav, mach deine mü-den Aug-lein zu, dann schläfst du ein und träumst im Nu. Schlaf, Häs-chen, schlaf!

2. Schlaf, Häschen, schlaf!
   Sei stille nun und brav.
   Die Sternlein stehn am Himmelszelt
   und wachen über Wald und Feld.
   Schlaf, Häschen, schlaf!

3. Schlaf, Häschen, schlaf!
   Sei stille nun und brav.
   Nimm deinen Teddy in den Arm,
   er bleibt bei dir und hält dich warm.
   Schlaf, Häschen, schlaf!